10代のための人間学

森信三

致知出版社

10代のための人間学　目次

装　幀——川上成夫
編集協力——柏木孝之

新装版発刊にあたって

本年一月の『母親のための人間学』に続き『父親のための人間学』が新たに発行され、大いなる注目を浴びつつあることは、心ひそかに喜びにたえないことであります。

ところが、思いがけないことに第三冊目として『10代のための人間学』と題し、このたび「人間学シリーズ」の三部作として、ひき続き出版いただくことに相成りました。これはまったく予期しないことでありまして、喜びにたえず、かつての『中・高生のための「人間の生き方」人間学小門』という小冊子をとり出し、改めて読みすすめ、一気に読了しましたが、感きわまり、涙なきを得ませんでした。

思えば、ほぼ三十年前自費出版にて発行の『森信三先生講述書』が、今も色あせることなく、時代を超えて、いよいよ光輝あるコトバとして、心に迫るのを痛感いたしました。

今こそこの一冊が、悩み多き十代の方々の立志の書として、また自立の書として、はたまた発願の書として、お役立ていただけるならば、これ以上の喜びはないと思うにいたりました。

それにつけても、生涯の師森信三先生の明察くまなき透徹した哲理と情愛に基づく、ご講話の数々に、改めて、恭敬申し上げる次第であります。

今こそ世界的視野からみて、低迷する日本の現状と世相に対し、はたまた青少年問題に対し、一石を投ずる意味において、ひいては日本再生の強固な基盤づくりに、いささか貢献できることを信じ、新版発行のまえがきといたします。

何とぞ十代の方のみならず、心ある方々のご注目とご一読を希《ねが》ってやまない次第です。

編者　寺田一清

10代のための人間学

1 「人生」というもの

皆さん!! わたくしたちのこの人生は、ただ一回だけのものでありまして、二度と繰《く》り返すことのできないものであります。そしてこのことは、人から言われた時とか、あるいは書物に書かれているのを読んだりした際には、どんな人でも「確かにそれに違いない」と思うでしょうが、しかしその感動の永続する人は少なく、いつの間にやら忘れ去って、この自分の一生が、まるでいつまでも無限に続くものででもあるかに考えて、ついウカウカと過ごしやすいのが、われわれ凡人の常であります。

このようにわれわれ人間の一生は、そんなに無限に生きられるものではなく、ひと度死んでしまえば、「もう一度やり直す」ということは、尽未来際《じんみらいざい》、絶対に不可能でありまして、それはちょうど、書道の練習に際して、清書用の紙が一枚しか渡されない場合と同様であります。

しかるに、ひるがえってわれわれ人間が、この人生に対する場合、はたしてそのように、最初から十分に覚悟して、慎重に取り組んでいるといえるでしょうか。遺憾《いかん》ながら大方の人は、そうはいえないようであります。

わたくしがこの人生における一大真理に目覚めたのは、三十二、三才の頃でありまして、それ以来、今日にいたるまで、心の底では片時も忘れることなく現在にいたっているのであります。それゆえ、この「人生二度なし」という真理は、わたくしにとっては第一の根本信念と申してよく、人生においてこれほど絶大な真理はないと信ずるものであります。

ではこのようにわれわれの人生は、二度と再び繰り返し得ないものだとしたら、われわれとしては、今後その生き方の上において、一体どのように心がけたらよいでしょうか。

かく考えて、まず第一に考えられることは、このように人生が二度と再び繰り返し得ないものだとしたら、われわれはできるだけ後悔しないような生き方をする必要がありましょう。すなわち物事を常に慎重に考えて、つまずきや踏み外しを、できるだけ避けねばならぬわけであります。

そのためには、わたくしたちは第一に、できるだけ自分の前途《ぜんと》について、見通しを怠らぬことが大切でしょう。わたくしは常に思うのですが、人間の知恵というものは、その人がどれほど前途を見通し得るか否かによって、ある程度計ることができるんではないかと思うのであります。

この前途の見通しについては社会や国家、さらには国際間の情勢というような面では、前途を見通すということは決して容易ではなく、とくに現在のように、世界全体が激動のさ中に置かれている時代には、なおさらそうだといえましょう。

ところがこれに反して、個人としての自分の前途とか将来ということになりますと、ある程度は見当をつけることができるのであります。

たとえば現在高校生の人なれば、今後一、二年したら、ほとんどの人がこの学校を卒業して、一部の人は進学、他の人々は就職されるといえましょう。また進学した人にしても、大学を卒業すれば皆就職し、そして大方の人は二十代で結婚し、やがて結婚後数年すれば、たいていの人が子どもを持って、人の子の親となるわけです。

そして三十代、四十代を過ごし、五十代の半ばから六十くらいになれば、俸給生活の道をたどった人の大方は、停年となって職を退き、また独立営業の道を進んだ人でも、七十歳から八十歳近くにもなれば、たいていの人は第一線から退き、そして百歳までには、ほとんどの人は灰となるというわけであります。そしてこの「死」の終着駅たるや、何人もまぬかれぬ運命でありまして、これほど確かな見通しは一応ないともいえましょう。

では、この場合、この「人生二度なし」という人生の根本真理を体得した人の場合には、一体どうなるかと申しますと、結局それは、常に自分の前途を遠くかつ深く考えながら、一日一日の自分の生活を、できるだけ全力的に充実させて生きるということであります。なんとなれば、人生といっても結局は、日々の積み重ねの他ないからであります。

ですから問題は、その人がどれほど早くから、こうした人生態度を確立するか否かということこそ、人生を生きる上での真の「秘訣《ひけつ》」といってもよいわけであります。

しかしそのためには、その人がどれほど早くから「人生二度なし」という、この人生の最大最深の真理に目覚めて、真に充実した日々を送るようになるか否かが問題なわけであります。

前にも申したように、わたくしがこの人生の根本真理に目覚めたのは、三十代の前半でありまして、それ以後わたくしの意識の底には、常にこの「人生二度なし」という真理が潜在していて、消えないのであります。わたくしは、現在満八十六歳を迎えたわけですが、今なお全的緊張に生き、なおかつ、日夜「続全集」に取り組んでおりますのも、この「人生二度なし」という真理が、わたくしの全心魂に透徹《とうてつ》しているからでありまして、いよいよ人生の終末を予感しつつある現在では、この真理は、今や「念々死を覚悟してはじめて真の生となる」との感慨に燃焼しているのであります。

リンリン

坂村　真民

リンリンと
おのれを燃やせ
道の草木も
輝やくばかり

リンリンと
おのれを鳴らせ
空ゆく雲も
湧き立つばかり

つみかさね

一球一球のつみかさね
一打一打のつみかさね
一作一作のつみかさね
一歩一歩のつみかさね
一念一念のつみかさね
一坐一坐のつみかさね

つみかさねの上に
咲く花
つみかさねの果てに

熟する実
それは尊く美しく
真の光を放つ

2 「立志」について

十有三春秋
逝《ゆ》くものはすでに水の如し
天地始終なく
人生生死あり
安《いずく》んぞ古人に類して
千載青史に列するを得んや

右の詩は、徳川時代三百年間で、一番有名な詩人の頼山陽《らいさんよう》が、十三歳になった正月の元日によんだ有名な詩であります。

ところでこの詩については、わたくしには忘れられない思い出があるのです。それはわたくしの郷里は愛知県の知多《ちた》半島ですが、毎年正月には、父に連れられて、当時県会議長をしていた祖父の所へ、新年のごあいさつに行くことになっていました。そこで十三歳の年の元日にも、例のごとく、新年のごあいさつに参ったわけです。するとその際、祖父から年を尋ねられたので、「十三歳になりました」と申しますと、「ア、そうか。十三歳という年は、人間の一生で一番大事な年だが、知ってるか」と言ってさし出されたのが、実はこの頼山陽の「立志の詩」でした。

残念ながら、当時のわたくしにはまったく読めなくて、祖父が上記のごとく読んでくれ、その意味も教わったわけです。

今、皆さんのために意訳しますと、

ああ、いつの間にやら、もう十三になってしまった。

ウカウカしてはいられない。時は流水のように流れ去ってゆく。
この大宇宙には始めもなく終わりもないが、
人間の一生は実に短いものである。
ところがその短い人間の一生において、
どうしたら、昔の偉い人たちと肩を並べて
歴史にその名の残るような人間になれるであろうか。

という意味の詩であります。

このようにわたくしが、十三の年の一月元日に祖父から、同じ十三の年の一月元日によんだ頼山陽の詩を聞かされたということは、五体を大地にたたきつけられたような大した驚きでした。

とは申しても、わたくし自身は頼山陽のように、「歴史にその名の残るような人間になりたい――」などというような、大した志を抱いたわけではありません。しかし「人生」というものについて初めて心の底深く、タネまきがなされたように思います。そしてそれが、今日にいたるまで、わたくしの人生の歩みの上に大きな影響を与え、かつその根本動力となっているように思われてならないのであります。

ところで、皆さんたちのいのちのタネまきは、ひとつ皆さん方自身でしていただきたいと思うのです。そしてそれには皆さん方は、これまで読んでこられた伝記のうち、自分の一番好きな偉人の伝記を、もう一度読み直して下さい。またこれまであまりお読みでない人は、学校の図書室から偉人の伝記を十冊ほど借り出してそれを読んでください。そしてその中で自分の一番好きな人の伝記を一冊、自分で選んでください。

そしてその一冊の伝記をよく読んで読み抜いて、その偉人の一生の歩みの要点を箇条的に書き抜き、それを年表のように、横長の紙の始めに、「人生二度なし」とスミで書いて、そのうち大事な箇条には赤丸をつけて、自分の勉強室のよく見える所に貼《は》ってください。これが皆さん方にとって何より大切な人生のタネまきとなるのであります。

さて、人間の一生は、まるでただ一回のマラソン競走みたいなものだともいえましょう。ところがマラソン競走なら、決勝点の場所がハッキリしており、またどの辺からラストへビーをかけたらよいか等々、一応の予定は立てられるわけです。

ところが、人生のマラソン競走となると、ただの一回きりしか許されないにもかかわらず、一体幾つ頃からラストへビーをかけたらよいか、また行きつくところはどの辺かというような見当や見通しを立てている人は、案外少ないのではないでしょうか。

こうした人生の見通しをつけることを、実は「人生の知恵」と申すのであります。

このように人間の一生を大観してみますと、人生の根本問題として、結局「人は何のために生きるか」という大問題に行きつくのであります。

古来、真の哲学者とか真の宗教者とかいわれるような人は、徹底してこの問題と取り組み、それぞれ心眼を磨いて、その根本信念にまで到達した人をいうのであります。


ところで、われわれ人間の出生を考えてみますに、何人も自分の意志でこの世に出現したものは、一人としてないわけです。すなわちお互い人間は、この地上へなんら頼みもしないのに、生まれてきたものであります。これを徹底して考えてみますと、結局、大宇宙というか、絶大無限な大宇宙意志によって、この地上に生を与えられたわけであります。

言い方を換えますと、われわれ人間は、ある意味ではこの世へ派遣せられたものともいえましょう。そうしますと、われわれ人間は、何らかの使命を持って、この地上に送り込まれたわけであります。

しかしながら、この地上において自分に与えられた使命は、一体何であるかは、容易にわかりにくいのであります。それは、国王とか一国の首相の命を受けて、他国に使いするというような場合と異なり、「大宇宙意志」から命ぜられた使命というものは、直接コトバによって言いつけられたものではないからです。したがってこれは、人間各自が、めいめいに探し求めなければならぬ根本問題なのであります。

かくしてこの地上において、自分に与えられた使命は何かが、おぼろげながらもわかり出すのは、ほぼ人生の二等分線の三十代の半ば前後と言えるかと思うのであります。

三　気

遠藤　俊夫

よく見える目をもちながら
大事なものを見逃すのは
見る気がないからだ
よく聞こえる耳をもちながら
大事なものを聞きもらすのは
聞く気がないからだ
よく出来る腕をもちながら
大事なことに手抜かりするのは
やる気がないからだ
人生にとって大事なことは

見る気になって見
聞く気になって聞き
やる気になってやることだ

花開く

心に決めたことは
念じつづけよ
必ずなると念じつづけよ
念じつつ行いつづけよ
念力《ねんりき》よく岩をも通す
心に決めたことは
石にかじりついてもやりつづけよ

起《た》てなければ這《は》ってでも
念じつつ行いつづけよ
その信と行とのあるところ
必ず花開き
必ず実みのる

３「立腰《りつよう》」への努力

皆さん方にとって、立腰とは、耳なれないコトバと思いますが、立腰とは腰骨を立てるということであります。腰骨を立てるといっても、何のことかはっきりしないと思いますので、一応説明したいと思いますが、要するに、その具体的なやり方を申しますと、

① お尻を思いきり後ろに引く。
② それとは逆に、腰骨を思い切り前につき出す。
③ ひざとひざは、男子はこぶし二つ分、女子はひざとひざを開けない。
④ 肩の力を抜き、ややアゴを引く。

⑤　下腹に力を入れる。

という要領であります。これだけの条件を申しますと、最初はなかなか、むつかしく感じるようですが、この姿勢が、人間の自然体なのでありまして、なれると、これほどしっくりとして、気持ちのよい姿勢はないということが、次第にわかってくると思います。

ところで、この姿勢、すなわち立腰こそは、実は性根《しょうね》の入った人間になる「極秘伝」なのであります。いったん決心したことは、石にかじりついてでも、必ずやり抜くというエネルギーは、この腰骨を立て通すことによって、はじめて十分に発揮できるのであります。

では、どうして、腰骨を立てることによって、そんなに意志の強い人間になれるのかと、疑問に思われる方もありましょう。それについては結局やってみるほかないのであります。と申しますのも、生きた真理というものは、自ら実行してこそ、はじめて納得《なっとく》のゆくものでありまして、いかに千言万語をもってしても、自ら実行しない人には、真理の門は固く閉ざされて、一歩も入れないのであります。

ただ説明の一端として申し得ることは、人間の体と心とは相即一体のものでありまして、心をシャンとしようと思えば、まず体をシャンとしなければならぬのであります。それゆえ人間も、腰骨を立て通すことによって、体も心もシャンとして、集中力や持続力が出てくるのであります。

それのみか判断力までも明晰《めいせき》になり、動作も敏速になるのであります。かくして立腰こそは、実に実践的エネルギーの不尽の源泉なのであります。

と申すのも、腰骨を立てることによって、心・身の統一が可能となるのであります。今日、わたくしたちは、多角的乱反射的な刺激の多い環境の中に置かれており、精神の分裂症状の起きやすい状態に置かれているわけですが、これを克服する方法は、身心の集中統一を容易ならしめるこの「立腰」以外にはないとさえ思われるほどです。

皆さん方の年頃から、神経症的ノイローゼにかかりやすいのですが、この「立腰」によって、そうした症状を克服した多くの事例をわたくしは知っております。ですから、ノイローゼ対策の一つとしても、この「立腰」ということは大事な対策と申せましょう。

ところで、この「腰骨を立てること」すなわち「立腰」は、わたくしが初めて提唱することではなくて、これは東洋では古来より伝承せられてきたもので、インドにその端を発したヨーガが中国に渡り、そして日本に伝えられてきた座禅の基本原理なわけであります。そしてそれが明治期に入るや、岡田虎二郎《とらじろう》先生の創唱によりて、静坐法が提唱せられましたが、これは坐禅の日本化ともいうべく、その中心をなす基本姿勢は、この「立腰」にあるのであります。そして坐禅のみならず、禅の影響を受けた武道や芸道においてもこの「立腰」が、その根本原理となっているのであります。

わたくしは、十五歳の時、叔父の日比恪の影響を受けて、初めてこの岡田式静坐法の祖、岡田虎二郎先生の偉容に接することができたのであります。そしてそれ以来、ずっと今日まで、「腰骨」だけは立て通してきたのであります。

すなわち、岡田式静坐法のもろもろの真理の内で、最根本の一事たるこの「立腰」を常時徹底すべく努力してきたのが、わたくしの提唱する「常に腰骨を立てつらぬく」という一事だったわけであります。

わたくしは、今年で満八十六歳になりますが、年のわりには、比較的元気で今なお仕事に没頭できますのは、過去七十年間、この腰骨だけは立て通してきたおかげだと、心から感謝せずにはいられないのです。

また人間も常に腰骨を立てておりますと、次第に自分の能力の限界がわかるようになり、したがって無理な計画は立てなくなるともいえましょう。今日までのところでは大体計画が果たせてこられたのも、根本はこの点にあるといえましょう。

しかし皆さん方としては、この「立腰」の威力に関する十分の理解は、まだご無理かと思われますから、とにかく何はさておき、やってみる他ないわけです。そして「腰骨を立て通す」ことによって、どれほどの効果があるかを、自分自身で確かめていただきたいのです。

もう一度その効力を申しますと、

①人間にやる気が起こる、
②その上に集中力が出る、
③さらに持続力がつく、

④また頭脳が冴《さ》えて、
⑤勉強が楽しくなり、
⑥成績も良くなる、さらに
⑦行動が俊敏になり、
⑧バランス感覚が鋭敏になる、そして
⑨内臓の働きさえも良くなる――

等々の効果が得られるのであります。
しかし、いくらわたくしが説明しても、皆さん方自身の実行にまつより他ありません。

立《りつ》　腰《よう》

腰骨を立てることは
いのちを立てること
腰骨を立てることは
今を立てること
腰骨を立てるたびに
私の心がひきしまってくる
この一刻に
いのちが立ち顕《あら》はれてくる
立腰は、いのちのみそぎ
立腰は、いのちの復活だ

伊藤　三樹夫

念々に我々はよみがへるのだ
腰骨とともによみがへるのだ
生きるとはよみがへることだ
生きるとは
この今・　腰骨を立てること
腰骨を立て続けることである

4 あいさつと返事の重要性

朝のあいさつとか、「ハイ」という返事などは、幼稚園の頃から小学校時代にかけて、ずっと教えられてきたことで、今や中・高生になられた皆さん方にとっては、またかとお思いでしょう。そしてそれもムリからぬこととは思いますが、同時にまたちょっと考えていただきたいのです。それは「あいさつ」とか「ハイ」という返事が、幼稚園や小学校の低学年より高学年になるほど、だんだん良くならないばかりか、むしろ悪くなるというのは、一体どうしてでしょう。

これでは何の教育ぞやというわけで、ひとつ根本的に考えてみる必要がありましょう。そして朝のあいさつと「ハイ」という返事の大切さを、今一度しっかりと認識していただかねばと思う次第です。

いつも申すように、わたくしは「人間としての軌道」としては、次の三カ条を挙げているのであります。

一、毎朝、親に対して必ずあいさつをすること。

二、親ごさんから呼ばれたら、必ず「ハイ」と返事をすること。

三、席を立ったら必ずイスを入れ、履物を脱いだら必ず揃《そろ》える。

以上の三カ条が、人間として実行すべき最基盤的な根本軌道なのであります。したがって、教育の立場から申せば、これまた「躾《しつけ》の三カ条」でもあるわけです。

さて第一に挙げたあいさつですが、このようなわかりきったことが、イザ実際となると、意外なほどよくは行われていないのでありまして、ここにも大事な根本問題があるわけです。

皆さんのうちで、毎朝親ごさんに「おはようございます」とあいさつをしている人が、何人おられるでしょうか。五分の一がおぼつかないのではないでしょうか。その点ヨーロッパの家庭においては、親子・夫婦間におけるこの朝・晩のあいさつが、よく守られているということです。ところが日本の家庭では、それが意外に実行されていないというのは、もともと日本人の体質には甘えがあるからだといえましょう。

しかしここで考えたいのは、人間が朝、人に出会った際、真っ先にしなければならぬのは、この朝のあいさつではないでしょうか。しかも、それが自分の親に対してはできないというのは、これこそ一種の甘えといってよいでしょう。それで果たして「人間としての軌道」に乗っているといえるでしょうか。

皆さん方のほとんどは高校なり大学なりを卒業して、いずれ就職されるわけであります。その際、上司や先輩に対して、自分から先に朝のあいさつもせず、呼ばれても「ハイ」の返事があいまいだったとしたら、一体どういうことになるでしょう。その答えたるや、すでに自明のことと思います。

ところで第二の「ハイ」という返事ですが、これがまた中・高生の皆さん方にも、意外に実行されていないということは、実に嘆かわしい次第であります。これも「朝のあいさつ」が実行されてないのと同様、親に対しての甘えがあるからだというほかないでしょう。このように、親への甘え心やもたれ心があるのは、結局、人間としての心のネジがゆるんでいる証拠《しょうこ》と申すほかないでしょう。

それゆえ社会の一員となるための三大絶対基本線たる㈠親ごさんへの朝のあいさつと、㈡親から呼ばれた際のハイという返事とは、家庭生活としての実践条項として、絶対に守るよう改めて決心し直すの要がありましょう。そしてそれによって皆さん方も、初めて「人間としての軌道」に乗ることができるわけであります。

それから第三の軌道は、前にも申したように、「席を立ったら必ずイスを入れ」「履物を脱いだら必ず揃える」ということであります。

これは、一見二つのようですが、実は同一原理のオモテとウラの両面でありまして、これほど人間のしまりの如何を表すものはないでしょう。大人の方でもこの点の守られない人は、十人中六・七人はあるのではないかと思われるほどです。それほどむつかしいわけですが、要するに人間としてのしまりのある人でないと、なかなか守れぬというわけです。ですから皆さん方も、このこと一つによって、その人がどの程度、人間としてしまりのある人かどうかが、ハッキリとわかるわけです。

同時にこの「履物を脱いだら必ず揃え」「席を立ったら必ずイスを入れる」というほうは、ひとり人間のしまりのバロメーターであるのみならず、またお金のしまりにも、大いに関係があるといえるようです。したがって、男の諸君は将来大人になって結婚するような場合には、イスを出しっぱなしにして平気でいるような女と結婚したら、人間としてのしまりはもちろん、財布のしまりさえないのですから、大変な目に出合うわけです。

以上、㈠朝のあいさつに始まって、㈡「ハイ」という返事、それから、㈢「履物を揃える」「イスを入れる」との三カ条につき申してきましたが、これらのことは、たいていの人なら知っていながら、いざ実行ということになると、案外できないばかりか、相当の人でも意外に守られていない場合が少なくないといってよいでしょう。

それというのも、子どもの頃のしつけが不十分なために、人間としてのネジが少々ゆるんでいるというわけでしょう。そしてこのネジは前章で申したように、その根本は結局は腰骨にあるのでありまして、人間は腰骨を立て通す人間になってこそ、直ちに実践実行の人となるのであります。そしてここでも「立腰」が、真に人間になる上での最肝要事たることを痛感せしめられるわけです。それゆえ皆さん方もどうぞ腰骨を立て通す人間になって、良いことは直ちにそれを実践できるような人間になっていただくよう念願してやみません。

出発する若ものへ

久保田　暁一

君よ行け
勇んで行け
出発の時が来たのだ
君には
すばらしい身体と
未来に羽ばたく
若さがある
君よ行け
勇んで行け
どんなに辛いことが起っても

君には
不屈に立ち上る力と
未来を築く
若さとがある

君よ行け
勇んで行け
出発の時が来たのだ
君のもつ若さを大切にして
強く　明るく
進んで行くのだ
大きく大きく伸びて
君の花を咲かして行くのだ

5 場の浄《きよ》めとしての「清掃」

前章においては、人間として守るべき三大きまりについて申しましたが、これは、ひとり家庭内のみでなく、学校においてもそのままあてはまるわけで、学校の先生方へ、朝のあいさつを自分のほうから先にすること、また先生から呼ばれたら必ず「ハイ」と返事をすることは、今さら申すまでもないことです。

かつてわたくしは、広く全国各地の学校に招かれて、先生方や生徒さんたちにお話をしてきたものですが、朝その学校に近づいて、生徒さんたちに出会い、そこから校門を入って玄関まで行く頃には、もうその学校の教育が、どの程度かということが、まるで匂いでもかぐように、自然と見当がつくのであります。

では、どうしてそれがわかるかと申しますと、それは生徒さんたちのあいさつのしぶりに注意しますと、大体の見当は狂《くる》わぬといってよいのであります。それから、もう一つ「整理・清掃」のあり方が、外来者には何よりよく目につくものでありまして、その学校の教育がどの程度に行き届いているか、その大方がよくわかるのであります。

もっともこれは、なにも学校だけに限られたことではなくて、皆さんの家庭についてもいわれることで、ひとたび玄関に立つと、その履物や置き物等によってもある程度わかるものなのであります。そしてこれは、その他の公共の施設や会社などにおいてのみならず、社会からさらには国全体の現状までも察せられるものなのです。

わたくしは、外国旅行者からのみやげ話としてよくお尋ねしたものですが、その国の公園なり駅なりの「紙クズの有無」についてよくお聞きしたものでありります。そして最近の話では、芸術の都パリでさえも紙クズが見られるようになったとのことです。ということは、それだけ人々の心がゆるんできたせいでしょう。

話は学校のことに戻りますが、教育の場である学校におきましても、紙クズが落ちていたり、雑草が生えておるようでは、これは論外と申してよいでしょう。わたくしは、かつて神戸大学に、七年間奉職いたしましたが、教官室から教室にいたる廊下で紙クズを見つけたら、必ず拾い続けました。その点、わたくしが勤めておりました海星女子大は、カトリック系の学校で、ただの一度もゴミを見つけたことはなく、ただ校門前の道で時に拾う程度でした。

ところでこの「清掃」ということは、われわれ日本民族の伝統たる神道の浄《きよ》め・祓《はら》いに通ずるものでありまして、皆さんもご存じの通り伊勢神宮の神域が何よりもこの象徴と申してよいでしょう。この清掃ということは、ひとり場を浄めるだけでなくて、自分の乱れた心や邪《よこし》まな心をも洗い清める役目を果たすものなのであります。

ところがこの点については、外国ではこの「清掃」観念は、公共心から発しているようであります。われわれの学校、われわれの公園、われわれの施設というような気持ちからして、ゴミを落とさないでキレイにするという考えが、一般によく行き渡っているようであります。

したがってこの公共心というものについては、われわれ日本人は、今後大いに学ばねばならぬと思うのであります。それというのも近頃の日本人の意識調査によって、公共心の欠除が大変問題になっているわけで、われわれ日本人には、今後はこうした運命共同体的な意識が、今後大いに磨かれねばならぬのであります。

それにつけても、皆さん方の年代においては、学校のきまりとか、規則とか申しますと、人によっては抵抗を感じる人もあるようですが、しかしこれは自我意識の目覚めの顕著な年頃とて、一面ムリからぬことと思われないでもありません。しかしもう少し冷静に、広い立場に立って考えれば、規則とかきまりというものが、いかに集団生活にとって必要欠くべからざるものであるかが、おわかりになると思うのであります。

たとえば、学校としては服装や髪形や持ち物の規制なども、まさに当然すぎることと思われるのですが、いかがでしょう。

なぜなら、「あいさつ」や「ハイ」の返事、そして「服装」「髪形」「持ち物」等は、すべて統一のある組織だった集団を形成するための土台ともいえるからであります。そしてそれらは、いずれも「人格」とか「人柄」の表現でないものはないからです。前に申した「清掃」のいかんによって家・学校・会社・ひいては社会・国家まで判断されるようなものだからです。

ですから、わたしたちの学校、ぼくたちの学校として、学校の校風を重んじるためにも、またひるがえって、皆さん方自身のためにも、決められたきまりは必ず守る人間になっていただきたいと思います。

皆さん方の一人びとりは、まことにかけがえのない大事な生命であり、二度とない人生を生きておられるわけです。そしてお互いにやり直しのきかない一日一日を生きているわけであります。それにしても長い人生のうちには、山あり谷あり川ありで、決して得意満帆の時ばかりではなくて、失望落胆《らくたん》、自信喪失の時もありましょうが、しかしそうした時こそ腰骨を立て直し、日常生活を引きしめる決意を要する、人生の大事な岐《わか》れ路《みち》なのであります。

「やけ」など起こすのは、毎日の白紙の一ページを、自分自身で汚すのと同様で、結局自ら自己の運命を投げ捨てるものといえましょう。

朝顔のはな

岡本　大無

この頃のわが清《すが》しさや起きいでて先づ朝顔の花に対する

今しがたつぼみてありし朝顔ははや開きたれ庭はける間に

下駄《げ》箱《たばこ》のうへにも置きて出で入りに涼しき花の朝顔の鉢

南瓜《なんきん》づるひかれしあとに残りたる朝顔咲きつ小さなる花

わが植ゑし鉢の朝顔花さきぬ一輪ふかき青渕《あおぶち》の色

すずやかに朝々《あしたあした》をあさがほは思ひよこしま無くて咲く花

日毎《ひごと》々々咲きし朝顔たまたまに咲かぬ日のあり何かさびしき

水滴《すいてき》に活《い》けしあさがほ藍《あい》ふかきこの一りんの単純を愛す

暑き日のけふも暮れぬと朝顔に水をやりつつ思ふこと無し

朝顔の蔓《つる》葉おとろへしかすがに花さく看れば泣きたくぞある

蔓枯れて尚ひとつ咲く朝顔の花の意欲におどろく吾《わ》れは

生きの身をなげかふ人ら朝がほの花に対して愧《は》ぢざらめやも

6 にんげんにはなぜ勉強が必要か

皆さん方の中には、きょうこそ勉強しようと思ったのに、ついテレビを見てしまって――という人も、たくさんおられるのではないでしょうか。最初に申したように、皆さん方は、今人生において一番大事な「立志」の年頃なのです。その大事な基盤形成の時期に、毎日一時間も一時間半もテレビに釘《くぎ》づけになっているようでは、なんともナサケない次第です。

わたくしは、今、「テレビこそ勉強の大敵」であると断言してはばからない人間です。ですから何よりもまずテレビの誘惑に打ち勝つ人間になっていただきたい――のであります。

なんとなれば、テレビとは、スイッチ一つで常設映画館に早変わりするのですから、テレビの見通しでは、結局、映画館に入りびたりと同様です。これで人間がふやけないとしたら、まったく不思議というほかないわけです。

それにしても皆さん方の中には、まさか勉強部屋の中にまでテレビを置いているような人はないでしょうね。万一そういう人があったとしたら、今日帰ったら直ちに勉強部屋からテレビを追放してください。

今こそ、皆さん方の一人びとりが、テレビに対する根本対策を打ち立てこれを守っていただきたいのです。たとえば、

㈠寝ころんでテレビは絶対に見ないとか、

㈡一日に三十分以上はテレビを見ない。

㈢また見る場合は必ず二メートル以上離れて見る等、

自分で規律をつくって、それをきびしく守ることが肝要です。

なんと申しても、皆さん方の年代は、

㈠勉学に打ち込んで学力を身につけること、そして

㈡スポーツその他で身体を鍛える

という大事な時であります。すなわち、もっぱら身・心の鍛錬・習得に熱中すべき時であります。

それには、第三章で申したように、「腰骨を立て通す」ことが最根本的な対策なわけです。なんとなれば「立腰」こそが、集中力と持続力および忍耐力を身につける、何よりのキメ手だからであります。言い換えますと立腰こそ、身・心統一の唯一絶対の根本法則なのです。

ですから皆さん方も、ひとつ、各自でやってみてください。なるほど、これなら確かにやる気が湧《わ》く。そして集中力も出、さらに持続力さえつくに違いない――と、必ずや思い当たられることと思います。

同時にこの立腰は、ひとり勉強の時だけその効力を発揮するのでなくて、スポーツにおいても、また日常生活においても、大いにその威力を発揮するので

あります。たとえば、行動が俊敏になるとか、判断力がしっかりする、さらにバランス感覚がよくなる等々といえます。というのも「腰骨」というものは人間の要《かなめ》であり、同時に大黒柱だからであります。

次に勉強について申したい大事なことは、中学なり高校へ入学されたら、一年生の第一学期の中間試験には、全力を挙げてこれにあたるということです。これをわたくしは皆さん方に、切におすすめしたいのです。と申しますのも、このスタートの試験の順位というものは、今後の勉強意欲に大いに反映するものだからであります。ですから、まず最初の考査には、「死力」をふりしぼって、全力発揮をされたいものです。

それから、もう一つ、わかりきったことですが、勉強というものは、「積み重ね」が大切ゆえ、怠けたり休んだりして、毎日の「積み重ね」を怠《おこ》たらないということです。そのためには、毎日自分で決めた勉強時間は、必ず守り抜くということです。

たとえば、毎日新出漢字をノートに二ページ書くとか、英語はリーダーの単語調べ○ページとか、数学は問題集○ページとか、とにかく「一度決心したことは、必ず守り抜く」ということが、大事な岐れ路となるわけです。

次には、ひとり勉強に限ったことではないですが、学習面でも「遅れないこと」であります。と申すのも、仮にわかりにくい点に出合っても、それをそのままにしておかないで、先生なり友だちなりに聞いて、これを解明しておくことです。また、不明の点をわかるまで説明してもらうためにも、人によっては、塾に通っている人もあるのではないでしょうか。

とにかく、不審の点はそのままにしておかないで、納得のゆくまで徹底して解決しておくことが、学習面では最も大事なことと思います。とにかく皆さん方は、中学でおえるか、高校でおえるか、または大学まで進むか、そのいずれにしろ、将来、就職か独立業かのいずれかの道しかないわけですから、それらの中のいずれの道を進むにしても、人間としての「基礎学力」というものは、一生つきまとうわけであります。皆さん方も将来、社会人として読むこと、書くこと、発言することからまぬがれないのであります。

ですから中・高生の皆さん方は、今こそ、基礎学力を身につけるよう勉学に励んでください。とりわけ中学生時代に怠けておりますと、一生の悔いを残すことになりますから、現在低迷している人は、たとえ一教科なりとも真剣に取り組み、一つの突破口を見つけていただきたいのです。すると勉強というものは、決してつらいばかりではなくて、実に楽しいものだという実感を、必ずや持たれることでしょう。

もっとも人間としてのネウチは、テストの成績の結果だけで決められないのは事実であります。しかしその人がその教科に関する限り、まじめに取り組んだかどうかの判定は、ある程度できると思います。

　われわれ人間はできるだけまじめに、いつも自分の全力を出して物事に取り組まねばならぬのであります。そして、お互い人間も、それぞれまじめに真剣に生きたら、それぞれその人独特の持ち味というか特色が出てきて、その間、容易に優劣をつけるわけにはゆかないのであります。

若者よ車中では起とう‼

山本　紹之介

私は、子どもは幼少年期から乗りものでは起たせるべきだと思っている。それにはいろいろな効用が考えられる。平衡感覚が養われるとはよく言われるし、第一自立心が養われ自律性が強まる。また脚力が鍛えられ、腰が立ち、姿勢がよくなり、健康に役立ち、気力を強める。さらに起つことは知能を鋭敏にする。またがまん強く、耐忍力も培われ、強い意志を養う。さらに苦労することから、人に対して思いやりの心が育ち、人間的な温かさが養われる。このように幾多の面でプラスがあると思う。

○

私は今自分の勤務している中学校では、できるだけ車中では起つように――と生徒に働きかけている。遠方への校外学習や野外活動で疲れて帰る時も、車中では座らないで最後までがんばり続けてみようと呼びかけている。

欧米では子どもは車中で起つのが社会通念だという。わが国ではそれがまるで反対になっている。

◯

「車中では子どもを起たせよう」

「若者よ‼　車中では起とう‼」

私はすべての全国の学園で、教師と父母の協力の下に、車中では起つ――という教育運動が展開されるようにと願っている。それが二十一世紀を担う頼もしい人間を育てることになると思う。

7 「友情」について

われわれ人間は生きている限り、広いこの世の中でその一生を過ごすわけであります。しかし世の中とか世間といわれるこの広い社会の中で、われわれが、とくに親しく交わる人というものは、実際にはそんなに多くはないわけです。この世に初めて生まれ出ると同時に、つきあいの始まるのは、何と申しても親であり、兄弟であるわけで、これは「血」を分けた間柄で、切っても切れない人間関係と申せましょう。

ところで、「血」を分けた親兄弟とか、さらには親しい親戚以外となりますと、われわれの交友関係というものは、もちろん人にもよりますが、そんなに広くはない人が多いようです。皆さん方であれば、小学校時代の友だちと、現在学んでいる中学校や、高校の友だちで、それも人によりたくさんの友人を持っている人もありましょうが、しかし真の親友というものは、普通はごく少数に限られている人が多いと思います。

皆さんが将来、サラリーマンとして勤めるようになり、また独立して仕事をする人の場合でも、仕事の上で知り合う人はもちろん少なくはないでしょうが、しかしその場合でも、文字通り素っ裸になってつきあえる人となると、そう多くないでしょう。

ところで「親友」という間柄は、こうした種類の人間関係とは、まったく違うわけで、そこにはなんら特別の心づかいというものを要しないのであります。つまりなんらの気がね、気づかいもいらず、お互いに丸裸でつきあいのできる人間関係であります。ですからこれは、この世におけるいろいろな人間関係の中でも、一種特別な味わいの深いものといってよいでしょう。それゆえわれわれは、お互いにこの点をよく考えて、心して大事にしなければならぬわけであります。

実際、若い間は、とくに少年時代や青年時代には、お互いに、友人というものは、格別努力をしなくても、自然にできる場合が多いものですから、だれもそんなに貴重なものとは考えずにいるわけです。そこで、お互いに格別努力というものをしないために、かなり親しかった友人でも、親ごさんの転勤などで遠くの地へ去っていきますと、ついそのままになってしまう場合が少なくないのであります。そしてついには相手の住所さえもわからなくなり、心の中には、その友人の面影は今も生きていながら、ついに一生会えないでしまいがちであります。

それというのも、友人関係というものは、単に自然のままに任せておきなんら特別の努力をしなければ、次第に疎遠《そえん》になってしまうものだからです。それと申すのも、お互いに忙しいこのスピード時代に、あくせくして生きているわけですから、ついウカウカと過ごしてしまうわけです。そして気がついてみると、大事な尊いものを失くしてしまったことに、今さらのように気づいて悔いるのです。

その点につき、わたくしのおすすめしたいのは、別にこれという用はなくても、親しい友には、時々ハガキを書くということです。これが友情関係を、永く持続する何よりの方法と思うのであります。

ですから皆さん方も、今のうちからハガキが自由自在に直ちに書けるような習慣を身につけておくことは、大変大事なわけであります。

そして年がいくにつれて、このハガキの効用がだんだんわかってくることと思います。ですからハガキ一枚を五分もかからぬうちに書けるということが、このめまぐるしい社会に生きる人間としては、一つの有力な武器だということを知っていただきたいのであります。

では親友というものは、どうしてそんなに大事なのでしょうか。それは、親友の間に芽生える真の友情というものは、たとえようもなく尊いものだからであります。

そこで友情の特質について皆さんとともに考えてみましょう。

まず真の友情とは、

①自分の都合を第一にしないで、なるべく相手の立場を主として考えるということです。

それから、

②自分の本当のありのままのことが話し合える間柄ということです。

③そうした意味でまた気がねなく、丸裸でつきあえるというわけです。

ところでこうした人間関係というものは、そうザラにあるものでなく、ごくわずかの間柄にのみ通用することであるだけに、尊く貴重なものであります。しかも真の友情というものは、若い間よりもだんだん年を経るにつれて、その味わいの深まりを感ずるものなのです。

なお、わたくしは、親しい友人の中でも、とくに「畏友《いゆう》」というコトバで呼ぶにふさわしいような独特な友人関係を、普通の友人関係とは区別して考えております。

では、「畏友」と呼ぶのは、一体どういう友人かと申しますと、それは双方が相手に対して、単に親愛の情だけでなくて、一種尊敬の念をもって交わる関係を、とくに「畏友」という名で区別しているわけです。そしてわたくしの考えでは、この「畏友」という友人関係は、ある意味では、この世における一切の人間関係の中でも、最も尊いものではないかとさえ思うのであります。

もちろん親子、夫婦、兄弟および師弟というような関係は、昔から非常に大事な人間関係と考えられてきたことは、皆さん方にもおわかりでしょうが、しかしわたくしは、この「畏友」という関係も、それらと並んで、ある意味では劣らないほどに深い人間関係かと思うのであります。

なんとなれば真の友人関係とは、ただウマが合うからとか、心の波長が合うというだけでなく、互いに切磋《せっさ》琢磨《たくま》するところがなくてはならぬからです。そして言わず語らずのうちに、お互いに磨き合い、励《はげ》まし合う、ある種の緊張関係がなくては、真の友情とはいいがたいかと思うのであります。

なおもっと極言しますと、古来真の友情とは、最後は友のために死ねることだとさえいわれていいます。

感　動

木村　将人

感動が　一日一日逃げてゆく
感動が　一瞬一瞬逃げてゆく

その一瞬を逃がすことは
永久にそれを失うことだ
逃がした感動のあとには、
・・・
うつろな心のみが残る

つかまえた感動は
次々と新たな感動を生み出す

その彼我にあるものは
ただ一瞬の沈思にすぎぬ
ただ一行の文字にすぎぬ

その一瞬をとらえることの難しさ
その一行を書きとることの難しさ

感動をとらえねばならぬ
この一本のペンで
確実につかまえねばならぬ

8 「責任」はにんげんの軸

「自分は自分の主人公」とは、東井義雄先生の有名なコトバであります。われわれ人間は、この世に「生」を与えられた以上は、それぞれお互いは自分の「人生」の責任者であるからであります。

言い換えますと、それぞれに、自分の人間形成に対して責任と義務を背負っているわけであります。

そこで、次にはそうした自己形成の過程において、その基盤といわれるような人間形成の「場」となるものは何か、について考えてみたいと思います。そしてそれは結局、㈠家庭、㈡学校、㈢社会という三つの「場」が重大な役割を果たしているといえましょう。

ところで第一の「家庭」という場ですが、これがいかにわれわれ自身の「人間形成」のために、根本的な土台になっているかということが、皆さん方も年がいくにつれて、次第に分ってくると思います。この家庭における人間形成のうち、最も重要なのは、いわゆる「しつけ」の問題でありまして、「しつけ」とは、人間として最も基本的な、いわば骨格ともいうべきものを身につけさせるということであります。

したがって、心ある両親はわが子に対して、このしつけだけは非常に力を入れているわけであります。

ところでこの「しつけ」については、わたくしが常に力説しているように、次の三カ条がその根本であります。すなわち、㈠朝晩のあいさつ、㈡「ハイ」というはっきりした返事。そしてもう一つ、㈢「ハキモノを脱いだら必ずそろえ」「席を立ったら必ずイスを入れる」ということでありまして、わたくしの考えでは、人間としての最も基本的なしつけとしては、以上の三カ条でよいと考えているのであります。

なんとなれば、この三つのしつけによって、一応人間としての軌道に乗ることができるからであります。

ですから皆さん方も、この人間としての三大規律を軽んじないで、しっかりと身につけていただきたいのです。それというのも皆さん方自身が、将来親として、家庭におけるしつけの責任者になるわけですから、今のうちにこれらをしっかり身につけておかなくてはならぬわけであります。

それから次に人間形成の「場」としての「学校」ですが、学校もまた「人間形成」にとって欠くことのできない役割を果たすものであります。今人間をかりに知・情・意という三つの面から考えるとすれば、学校は主として知的な面が主となり、人間として必要な一般的な基礎知識を授ける「場」といえましょう。

しかし学校も一種の人間集団である以上、そこでは単に知識だけでなくて、いろいろと人間としての修練を受ける「場」でもあるわけです。

言い換えますと、集団的訓練を受ける「場」でもあります。人間は、個人としての責任者であるだけでなく、人間集団の一員としての責任者でもありますから、まず社会に先立って学校教育の中において、集団的訓練がなされねばならぬわけであります。

したがって、友人関係というもののもちろん大事ですが、しかし学校のきまり、はそれ以上に厳守すべきであり、したがって校則違反は絶対に許されるべきではないのです。

ところで第三の人間形成の「場」としての「社会」ですが、これは近頃「生涯教育」ともいわれるもので、一生涯続くのであります。というのは、人々は学校を卒業して、それぞれ一人の社会人として、一定の職業につき、それぞれ責任のある部署につくわけですが、これによって種々の人間的試練や鍛練を受けるのであります。そして、このように人が社会の一員となることによって受ける、こうした人間形成的鍛錬のきびしさは、家庭教育や学校教育の比ではないのであります。

ではこの厳しさは一体どこからくるかと申しますと、それは「職業」というものを持つことから生じる「責任」および「義務」からくるわけであります。しかもこうした「職業」というものからくる責任の背後には、常に経済的なものが横たわっているわけです。それは単に自分の給料や収入にかかわる問題だけではなくて、ひとつ誤ればその勤務する会社や官公庁に多大の損失をかける場合もあるわけです。また仮に経済的な損失はかけなくても、集団の信用にかかわるようなことは、絶対に許されないわけであります。

しかもわれわれ人間が学窓を出て、社会の一員となることによって始まる人間形成の真のきびしさは、こうした仕事の責任上からくるもののみにとどまらないのであって、いわゆる「人間関係」の複雑さからくるほうが、むしろ多いともいえましょう。すなわちタテの上下関係とヨコの同僚関係からくるもろもろのもつれやつらさがつきまとうわけであります。

このことは、今の皆さん方には何ら関係ないわけですが、しかしわれわれ人間は、「社会」を場として行われる人間形成のきびしさによって、深刻な鍛錬をうけるわけであります。

ですからわれわれは、人間として、また社会の一員として、皆それぞれ義務と責任を背負うわけでありまして、無軌道な、勝手気ままは許されないということを、皆さん方に申しあげたいのであります。言い換えれば、人間は一生

「責任感」というものから、まぬがれないものだということを、今のうちから深く心に刻んでおかれることが大切だと思うのです。

そしてそこからしてまた、かの「義務を先にして娯楽は後にせよ」という真理は、万人に通じて生涯守るべき大道といえましょう。と同時にまた半面、「自分は自分の主人公」として、行動の責任者であることを忘れず、毎日の生活を慎《つつし》むことが大切であります。

自分は自分の主人公

東井　義雄

自分は自分の主人公
世界でただ一人の自分を創《つく》っていく責任者

○

九（苦）をのりこえなければ
一〇のよろこびはつかめない
九九を通らなければ
一〇〇のしあわせは得られない

○

ほんものと　にせものとは
見えないところのあり方で決まる

○

ほんものはつづく
つづけるとほんものになる

○

すべて見える世界は、それの幾層倍もの
見えない世界にささえられて
そこに存在している

○

尊いもの　美しいもの　善なるものも
みんな謙虚な人のところへ集ってきて
その人のものとなる

○

二度とない人生。二度とない今日ただ今。

○

生きているということは、
どんなにすばらしいことなのか
どんなにただごとでないことなのか

○

いちばん身近な人のおかげが見えないようでは
しあわせにはめぐりあえない

○

亀は兎《うさぎ》になれない
しかしそのつもりになって
努力すれば
日本一の亀になれる
君は　君をりっぱにする
世界でただ一人の責任者なんだね

9 「自律」とは自分に打ち克つこと

皆さんはご存じでないと思われますが、小学校における国語教育の大家として、今なお有名な芦田恵之助先生のオコトバに、「自分を育てるものは自分以外にはない」という名言があります。

そしてこの一語をより厳しく言い表したのが、この「自分を律するものは自分しかない」というコトバなのです。つまり自律とは、自分自身を自らの力で規制し制御《せいぎょ》するということであり、その反対語の他律は、自己ならぬ外部の他の力によって、規制せられるということであります。

ところで人間はいかに優れた師を持ち、よき教えに接したとしても、結局最後のところは、自分を律するものは自分以外にはないわけでありまして、いかに優れた師といえども、本人が自ら律しようとしない限り、いかんともしがたいのであります。それゆえ、この自律心こそは、いわば自動車におけるブレーキ装置にも匹敵《ひってき》するもので、このブレーキ装置のこわれた自動車ほど危険極まるものはないのと同じでありましす。すなわち、自律心なき人間ほど危なげなものはないと申せましょう。

したがって、自律はまた自立にも通ずるわけで、自律心なき人間は、真に自立、すなわち、自主独立の人間とはいえないのであります。それゆえ、きびしい他律によって自由を拘束し、規制しなくてはならぬわけです。

これらのうちはなはだしいのは警察のお世話になり、刑法にふれれば一般社会から隔離されるわけです。またそれほどにはいたらなくても、自律心なき人間は人生の落伍《らくご》者として、社会の落ちこぼれとなる傾向が強く、まことに嘆かわしいことであります。

では、どうしてお互いに、この自律心がむつかしいのでしょうか。それは、過大な自分の欲望に打ち負かされるからだといえましょう。

かつて日紡女子バレーボールチームの監督だった大松博文氏は、世界の檜《ひのき》舞台で強敵のソ連チームをおさえて勝利の栄冠を獲得したわけですが、その大松監督のコトバとして、わたくしの今も忘れがたいのは、「敵に勝たんと欲するものは、まず己れに克て!!」とあります。

その頃大松さんは、一民間会社の庶務課長の地位でしたので、終始その任務を果たしながら、同時に選手たちも同様に、会社では終日女性工員としての勤めを果たした上にそれらの選手たちに対して、「猛訓練」という程度では、とうてい表現しえないほどの極度の鍛錬を加え、その結果ついにあの強大なソ連の、しかもプロ選手団を相手に、堂々勝利をおさめたのでありまして、その大松監督の全信念の表白だけに、そこにはやはり「永遠の真理」ともいうべきものが宿っているといってよいでしょう。

ところが、大松監督によってこのコトバが語られるより、年代的にははるかに早い以前にわたくしは、いつも人間は「義務を先にして、娯楽を後にせよ」というコトバを、皆さん方のような若い人々に説いてきたものであります。一見したところでは、実にありふれた平凡なコトバのようですが、しかしこの真理は、だれでもその気になりさえすれば、守れぬわけではありません。しかもこれを守ることによってその人は、確実に一歩一歩自分をリッパな人間に鍛え上げてゆくことができるのです。

ですから皆さん方もコトバを単に観念的な理解にとどめないで、自己の全身心をひっさげて、全力的に取り組んでいただけたらと思うのであります。

それにつけても、第三章で申したように、お互い人間は、「立腰」すなわち

「腰骨を立て通すこと」によって、真に主体性のある人間になれるのであります。

　ではどうして四六時中腰骨を立て通すと、主体的な人間になれるのか、何ゆえ、そうした重大な意義を持つかと申しますと、それはわれわれ人間は、ご承知のように身心相即的な存在であって、心と体とは元来離れないはずのものであります。ところが、われわれの心というものは、とかく体とは別個の作用をしやすい一面があるのでありまして、それゆえ常に身体をおさえて支配するようにしなくてはならぬわけです。

　ですから皆さん方も、ひとつ実際にやってみてごらんください。それには、まず、㈠尻をウンと後ろに引いて、次には、㈡腰骨のところを、ウント前に突き出すのです。そして次には、㈢下腹の辺に心もち力を入れるのです。

　とにかく皆さん方もこのコトバ通りによく守って、やり通してみてごらんなさい。すると皆さん方は、少なくとも腰骨を立てている間だけは、シャンとした気持ちを失わないでいられましょう。

それゆえ、わたくしが今説明したような姿勢を、一日中続けることによって、われわれ人間には、集中力と持続力が身につき、その上さらには判断力さえ明《めい》晰《せき》になるのであります。

否、そればかりか、われわれ人間はそれによって、いちだんと行動的になり実践的になるのであります。

もしうそだと思う人があったら、これから夜寝るまでの間、ひとつやり続けてごらんなさい。そうしてその調子でやり続けたら、それだけでも一応大したものといえましょう。同時にその調子で一か月やり、二か月続け、さらに三か月つまり百日もつづけたら、もうその人には、すでに主体性の土台ができたといってよいでしょう。

ついでですが、わたくしは、十五歳の時から腰骨だけは立て続けてきましたので、立腰まさに七十年というわけであります。ですからわたくしの今日あるのは、まったくこの腰骨を立て続けてきたお陰でありまして、自分のこれまで計画したことは、一おう何とかやりとげることが出来ましたのも、まったくこの立腰のおかげであって、これこそ実に生涯の感謝であります。

君達は

有正　省三

君達は
厳寒の中　くる日もくる日も
早朝練習に励《はげ》んだ
ある者は
夜も明けきらぬ暗い中
自分で弁当をつくり
早い息を凍《い》てた野に残しながら
馳《は》せ参じた

君達は

真夏の焼けつくようなコートで
流れ落ちる汗を
ぬぐおうともせず
ひたすら白球を追った
「一球」のために
心を研《と》ぎ　技を磨く
ある者は倒れ　ある者は坐り込む
それでも君達は
確実に連日五時間の練習に耐えた
君達は
すべての情熱を
テニスに注いでくれた
自分の能力を出し切ることによって

そして何よりも自分に打ち克《か》つことによって
栄光の戦士となったのだ
ありがとうみんなよ
心優しき戦士たちよ

10 「正直」は人間の土台

われわれ人間には、改めて申すまでもありませんが、生きんがための自己保存の本能というものが備わっております。しかしながらお互い人間は、ともすれば自分一人の気ままやわがままから、この自己保存という自然の本能を越えて、自分の欲望の奴れいになりやすいのであります。

それゆえ前章において、自律自制の大事さを説いたわけですが、しかしわれわれの自己形成の上で、一番大切なものは何かということになると、それは「正直」の徳ではないかと思います。なんとなれば、この「正直」という徳は、われわれ人間が、世の中で生きてゆく上には、一番土台になる徳目と申してよいからです。

では何ゆえ、一見何でもないようなこの「正直」の徳が、そんなにも大事かと申しますと、それはお互い人間関係というものは、結局は双方の間の信頼という絆《きずな》で結ばれているからです。

ですから、もし「あいつの言うことはアテにならぬぞ。うそと偽わりが多くて、どの程度に信用して聞けばよいかわかりかねる」ということになれば、第一人間関係が円滑に運ばれぬどころか、人々は、そういう人間とは、なるべくかかわらぬようにして、避けて通ることになりましょう。

このように人間というものは、ひとたび信用と信頼を失えば、たとえ親しかった友人でさえ、相手にしなくなるのであります。しかも単にそれだけにとどまらず、ひいては肝心の得意先や取引先に対しても信用を失い、その後は商取引も成り立たぬ、という困難な状態に陥らざるを得ないのであります。

近頃では、わたくしたちの子供の頃に比《くら》べて、この「正直」の徳についてあまり、いわれなくなりましたが、その原因としては、それが当たり前のこととして、まるで空気や太陽のありがたさがわかりにくいのと同じなのです。しかしながら、この「正直」の徳が対他的に一切の人間関係の一番根本の徳目であることは、時代がいかに変わっても、永遠の真理なのであります。

それからもう一つ、「正直」の徳が以前ほどにいわれなくなった原因の一つは、「馬鹿《ばか》正直」というコトバがあるように「正直者がバカを見る」とか、「ウソも方便」とかいうコトバが、意外に人々の間に浸透しているからかとも思われます。

ところで、この「馬鹿正直」というコトバですが、たとえばここに一人の病人がいたとして、医者は診断の結果、病名を家族の人に言おうとした場合、それが仮に不治の病気などの場合には、「本人には絶対に言わないように――」

と言い、また家族の者も病人の受けるショックを考えて、本人には決して言わないわけです。

また「あなたは近頃老《ふ》けられましたね」などと、相手の気持も考えずに平気で言うのは、正直というよりも、馬鹿正直というものでしょう。

以上のことからわかるように、われわれ人間は、自分の心にそう感じたからといって、すぐにそれを、相手かまわず手放しで放言することをもって正直なども考えたら、それこそ大変な間違いだということです。否、そればかりか、たとえ相手から尋ねられた場合でも、それが相手の人の気持ちを傷つける恐れのある場合には、その言い方はよほど慎重に考慮して、その場にふさわしいような言い方をすべきでしょう。

これに反して、人から自分のことを尋ねられた場合には、つらくてもなるべくありのままに正直に答えるべきでしょう。

しかしこの場合でも、こちらのことを正直に言うことが、相手の人の気持ちを傷つけるような場合には——もちろん事実は言わねばなりませんが——その言い方はよほど慎重にすべきでしょう。

たとえば、商売などで大もうけをした人が、他の人から「こんどは大変な大もうけをなさったそうですね」などと聞かれたような場合に、得意になって「エエ、そうなんです。もうかってもうかって、仕方がないほどです」などと言う人間は、実際にはむろんないでしょうが、そういう場合には、事実は否定しないが、しかしその場にふさわしいように答えるには、一体何と言ったらよいかと工夫するところに、人間のたしなみとか、教養というものがあるといえましょう。

このように、われわれ人間は、「正直の徳」を身につけるためには、一面には非常な勇気がいるわけですが、同時に他の一面からは、相手の気持ちを察して、それを傷つけないようにする深い心づかいがいるわけであります。それにつけても、われわれの使うコトバの慎しみがいかに大切であるか、皆さんもおわかりでしょう。

ところで、このコトバ使いについて、古来最もこれを重視した人は、一体だれだろうと思われますか。それはわたくしの知る範囲では良寛です。

こう言ったらあなた方には、さぞかし意外でしょうが、良寛には「戒語」といって、自分に対して幾つかの戒めが箇条書きになっているのですが、それは全部で九十カ条にも及んでいます。しかもそれらのうちのほとんどが、コトバについての戒めでありまして、わたくしも三十代で初めてこれを知り、心の底から驚いたのであります。

春の野げし

林田　勝四郎

うさぎのえさにする「ハルノゲシ」をさがし、
葉の落ちた桑畑を寒風に手を赤くして、
走りまわった少年の日がよみがえる。

葉や茎から乳のような汁を出す「ノゲシ」
この乳草を食べていた白や茶色の小うさぎたち。
うさぎの箱を私といっしょにのぞきこんで
いた母の顔。

春たけなわな頃、背丈がのびて一ぱい

花をつけた「ハルノゲシ」を抱えて、
麦畑のあぜ道を走りまわり、タンポポの
ように冠毛をつけて飛ぶ種子を吹きあげて、
清吉と遊んだ少年の日もなつかしい。

石蕗（ツワブキ）の花

晩秋になると
素朴な自然な花、ツワブキの花を想い出す。
古里の山野には、
今も石蕗の花が咲いているだろう。
少年の日
赤松の小枝におとりの目白籠をつるして、

石蕗の花の匂う雑木の茂みにかくれ、
目白の声が近づくのを待った想い出の
あの飯盛山にも、
石蕗の花は咲いているだろう

11 「誠実」とは言・行の一致

前章では、「正直」というものが、われわれ人間の社会的生活が成り立つ上での、いわば土台になっている点について、申したわけであります。ところでここには、「誠実」という徳について、考えてみたいと思うのです。それと申しますのも、「正直」と「誠実」とは、非常によく似た徳のように思われますが、しかしだからといって、正直と誠実とはまったく同じものだとはいえないからであります。

では「正直」と「誠実」とは、一体どう違うというのでしょうか。こういう点をはっきり摑《つか》んでいるということは、われわれ人間にとって、非常に大事な事柄かと思われます。

ところで考えてみますに「正直」ということは、主としてコトバにかかわることが多くて、たとえば自分のしたことについて、人から尋ねられた場合、いかに言いにくくても、事実をありのままに「言う」ということです。

一方、「誠実」となると、もちろん言うべきことをありのままに言う場合も決してないわけではありませんが、しかしより重大な点は、自分の言ったことをいかにつらくても、言った通りに行うということなのであります。

それどころか、自分のなすべき事柄については、たとえ他人がそれを見ていようがいまいが、終始一貫してなし遂げるということであります。すなわちそこには、「言・行の一致」ということのほかに、さらに一貫持続ということさえ、含まれているわけであります。

同時にそれゆえにこそ、この「誠実」の徳は多くの人々の心を打ち、かつ多くの人々から尊敬せられるゆえんであります。

このように考えてきますと、誠実な人というのは、もちろん正直の徳を持っているわけですが、単にそれだけではなくて、広くあらゆる事柄をも包括していると考えてよいでしょう。

つまり、あらゆる事柄に対して、その人の言・行に表裏がなく、常に自己の言・行の上に、できるだけズレを生じないような努力を惜しまぬ人柄をさして、わたくしたちは「誠実な人」といっているようであります。

このように、「誠実」の徳の中には、正直の徳も含まれているとしたら、あえて「正直」について、徳目を立てる必要はないではないかと思う人もあるかと思われます。しかし「正直」という徳は、前にも申したように、人間としての最基盤的なものですから、徳目の一つとして、どうしても見のがすわけには参らぬのであります。いわんや今日の日本のように、ともすれば「正直」という大事な徳を多少軽く見る風潮もあるとしたら、断じてなおざりに出来ないわけであります。

ところで、「正直」という徳を内に包みつつ、なおかつ「誠実」という徳を掲げるのは、この「誠実」という徳がわれわれ人間にとって、あらゆる徳の根本になっている一番大切な徳だからであります。われわれ人間にとって、この「誠実」の徳を抜きにしては、他の一切の徳が成り立たないからであります。

それと申すのもこの「誠実」のそのまた根底をなす最も深い根本的な徳は、古来わが国では「まこと」とか「まごころ」といわれてきたものでありまして、儒教ではこれを「誠」とか「至誠」として、やはりわれわれ人間にとって、一番大切な根本の徳とせられているのであります。

ではこの「誠」とか「まごころ」とは、一体どのような徳をいうのでしょうか。

これは、人間のあらゆる徳の根本になっている一番大切な徳ですから、一口には言い表しにくいともいえますが、一番わかりやすい説明としては、結局「天」に通じ、「神」のみこころに通じる心といったら、比較的よくわかるのではないかと思います。

つまり誠とは天に通じる心であり、まごころとは、神のみこころに通じる心といったらよいでしょう。

もっとも普通には、誠実な人といわれる人のすべてが、このように「天」の心や、「神」のみこころというものを考えて、生きている人ばかりとはいえないでしょう。しかしながら、仮に「天」とか「神」の立場から眺《なが》めたとしたら、誠意のある人の行動や、誠実な人の行いというものは、天ないし神によって是認せられ、さらには嘉《よみ》せられると申してよいでしょう。

もっとも、このように言っても、皆さん方の中には、「自分には神があるかどうかわからない」といわれる人もあるかと思います。しかしそういう人に対してては、わたくしは次のように申したいのです。

それは、もし神というコトバでは受け入れられないなら、この大宇宙の根底にはたらいている絶大な「力」に対して、人間は昔からそれに対して、「神」とか「仏」とかいうコトバによってこれを表現してきたのであり、また儒教では、これを「天」というコトバによって表現してきているのであります。

したがって、皆さん方のうちに、「神」とか「仏」とかいうものがあるかどうか、自分にはよくわからぬと思う人があったら、そういう人には、この大宇宙の成立している根底にはたらいている「絶大な力」の存在までも否定するかどうか、おそらくそういう人はあるまいと申したいのであります。

男女の交際

小椋　正人

女性は、自分の交際している男性を真に愛し、本当に自分のたよりになる相手にしたいのなら、恋愛中に相手との間に確たる一つの境界線を置くのがよい。するとその境界線が異性へのあこがれを清純なものに高め、その活力は将来に向かって、自己を向上させる巨大なエネルギー源となるであろう。

○

親密になればなるほど、向上心の湧き上がるような友情もあれば、その正反対の場合もある。

「友を選べ」という言葉があるが、それはむしろ「交際の仕方を考えろ」といった方がよくはないか。

○

男女間の交際において、女性の内なる凜然《りんぜん》たる態度こそ、男性を〝たくましく〟育てる大きな力をもつ。

男の思い通りになるような女には、男は決して対等の人格として認めはしない。もとより男性の尊敬を受けることもなく、また、あこがれの目で見られることもない。それは唯「人間のメス」として認められるだけである。

○

男女両性を、青春時代に隔絶するのは、両性をそれぞれに錬り鍛えるための神意ともいえよう。そして羞恥心《しゅうちしん》とは、実にこの神意を達成させんがために神の与え給《たも》うた智慧《ちえ》であろう。

12 思いやりは人間最上の徳

前章においてわたくしは、「誠実」の徳は、人間としてのもろもろの徳を根本中心をなす、ということについてお話ししたわけであります。ですから、人間はこの「誠実」という徳さえ真に身についたら、もうそれだけでも、人としてリッパな人間になれるわけで、考えようによっては、それ以外に、別に他の徳目とか、心がけなどの必要はないともいえましょう。

ところが、それは道理の上からいうことであって、実際問題としては、われわれ人間が、どうにか一人前の人間になるためには、ちょうど一つの石塊から丸い珠《たま》をつくるようなもので、さしあたっては、まずそのうちの幾つかの角をとり、さらにはそれをいろいろな角度から、丸く丸くと――磨き上げてゆく必要があるのであります。

またそのために、古来いろいろな宗教においても、それぞれ種々の教えが説かれているわけです。否、それはひとり宗教のみではありません。昔から多くの優れた人々によって、「人間としての道」ないしは「人間になる工夫」というものが説かれてきたわけであります。

そうした意味からして、道理としては「誠実」という徳目一つでも、それが本当にわが身についたとあれば、もうそれだけでも非当にリッパな人間になれるわけですが、ここにもう一つの大切な心がけとして、「相手の立場になってみる」ということについて、考えてみたいと思うのであります。

それというのも人間というものは、生まれつき元来、自己本位の立場から物事を考えるように生まれていると申してもよいでしょう。そしてそれはひとり人間のみならず、すべての生物にも共通しているところの、一種の自衛本能といってよいかもしれません。

つまり動物などを見ますと、相手のことなど考えてはいられず、とにかくわが身を守らねばならぬということが、すべての生物に最も深く根ざしている本能といってよいでしょう。


ところが、われわれ人間の場合には、ことは決してそのように簡単ではないと思うのです。なんとなれば、われわれ人間は社会的な生物でありまして、自分一人では、とうていこの世に生きてはゆけないからであります。

すなわち、われわれ人間は、お互いに「持ちつもたれつ」というわけです。そこで、もしわれわれが、いつも相手の気持ちを無視して、自分本位の生き方をしていますと、社会はそれを許さなくなるのであります。

もっともそれは最初から、広い社会全体から除《の》けものにされるというのではありません。最初のうちは、これまで親しかった友人でさえ次第に相手にしなくなるのであります。

たとえば、これまで親しかった友人の間に、何か気まずいことが起こったとしたら、それを「自分が悪かった」とか、「あの君が怒ったのも、確かにムリはない」というふうに、あとで後悔して、その後の態度を改めればもともと気の合った友人同士のことですから、また元の親しさに戻りましょう。しかし、本人がそうした反省をしなかったとしたら、いかに親しい間柄でも、次第に遠ざかっていくことになりましょう。

ところで、そうした相手が、仮に一人だけでしたら、まだそれほどのことはないにしても、さらに幾人かの友人との間が、同様の原因からしていつしか気まずい関係になったとしたらいかがでしょう。つまり、これまで親しかった友人たちが口をそろえて、「あいつはいつも自分本位のことを言う勝手な人間だ」といううわさが立ち出したとしたら、もはやクラスの中でも、自分の味方というものはなくなるわけであります。

さて以上のことからもおわかりなように、わたくしたちが人間として生きてゆく上で、最も大切な心がけの一つは、「相手の立場になって物事を考える」ということであります。これが題目にかかげた「思いやり」ということなのです。言い換えますと、「思いやり」とは相手の立場を考え、相手の気持ちを察するということであります。

ところがわたくしたちは、とかく物事を自分本位に考えがちなのであります。つまり相手の立場になって考えてみるということをせず、自分本位の身勝手な考えで事を処理しようとするわけです。つまり「思いやり」がなさすぎるか、もしくは足りなさすぎるわけであります。

そしてこの点こそ、実は世間における対人的なもつれとか悩みの生じるほとんど唯一の根本原因といってよいでしょう。それゆえ、お互いに相手の気持ちになって考えようとしない者同士でしたら、物言いの起きるのは当然であって、むしろ起きないほうが不思議といってよいでしょう。

それゆえ、平生からわたくしたちの心がけとしては、「思いやり」の足りなさを反省する意味もこめて、できるだけ親切な行いをするよう心がけたいものであります。

たとえば、バスや車内ではなるべく席をゆずって立ち続ける――ということも、そのひとつでしょう。あるいはまた学校でも、クツ箱で級友の乱れたクツをそっとそろえておくとか、また校内で見つけた紙クズは、さっと拾ってゴミ箱へ入れるとか――こういう種類の行いは常に自分で見つけ出して続けるようにしていただきたいものであります。

あしあと

辻尾　弥三郎

星がきらめくように
ハトムギの
枯れた葉の
ところどころに
キラキラ光るものが見える
何だろうと　よく見ると
カタツムリの　あしあとに
光が

石の上を歩けば

石の上に
草の上を歩けば
草の上に
そのあしあとの光が

大きみいのちわかれながれて

トマトはトマト
カエルはカエル
トンボはトンボ
ヒトはヒト

それでエエ

大きみいのち、
わかれながれて
生かしあい
たすけあい

13 耐忍への秘訣は？

わたくしは前章にいたるまで、いろいろと日常生活上のきまりや、また人間として守るべきいろいろな徳目について、申してきましたが、ここまできてもう一つ、どうしても申さねばならぬ徳目があるのでありまして、それはどんなにリッパな徳目でも、それを身につけ獲得するには、それぞれ自分なりに懸命な努力精進をしなくてはならぬということであります。

皆さん方も、すでにある程度ご存じのように、わたくしどものこの人生は、各自がそれぞれ重い荷を背負って遠い坂道を行くようなものであります。言い換えれば、それぞれ程度の差はありましょうが、われわれのこの人生には苦労や苦難はつきものであります。

そしてそれらの中には、生まれながらにして身体障害というような、ハンディを背負わされている人もあれば、また片親ないしはご両親に、早く死にわかれた方もおありでしょう。その他、病気や災難など、人生の途中でさまざまな逆境に出合うものであります、現に皆さん方の身近な人の中にも、すでにそういう逆境の中をよく耐えて、リッパに生きぬいておられる人を、一人や二人は知っておられることでしょう。

こういうふうに人生には、ある程度の障害や支障がつきものでありまして、それからまぬかれないのであります。

では、こうしたいろいろな逆境に対してわたくしたちは、いかにして耐えて乗り切るか、という問題こそ、皆さん方にとって最も大事なことと思われるのであります。

そこでわたくしは、皆さん方に一つの「黄金のカギ」をさしあげたいと思います。それは何かというと、われわれ人間にとって真に生きがいのある人生の生き方は、「自己に与えられたマイナス面を、プラスに逆転し、反転させて生きる」という努力であります。つまりわれわれは、自分に対して与えられたマイナス面に対して、いつまでもクヨクヨしたり、ブツブツ言ったりしていないで、マイナスはマイナスとしてこれを踏まえながら、全力を挙げてそれと取り組むことによって、ついにそれをプラスにまで転換しなければならぬのでありま す。

こうは申しても、現在の皆さん方には、わたくしの申していることの真意を、十分には理解しがたい人のほうが多いと思いますが、しかし逆境を克服する唯一の秘訣《ひけつ》として、これだけはどうしてもお伝えしておきたいと思うのでありま す。

皆さん方も、「偉人の伝記」を読まれたらおわかりの通り、広く世の中に貢献し、後の世にまでその名の遺《のこ》ったような人々は、すでに逆境の中を乗り切って、マイナスをプラスに転じて生き、その上自己の「心願」を貫いて努力精進した人々なのであります。

そこで本章の題目に掲げた「耐忍」ということですが、これは二つの態度を意味していると申せましょう。その一つは、苦難もしくは逆境に対する態度であり、いま一つは、目的もしくは心願に対する態度であります。このうち、前者についてはすでに申しましたので、これから後者の態度について申してみたいと思います。

まず申し上げたいことは、「この現実界ではいかに価値あるものでも、努力精進なくしては得られない」ということであります。言い換えますと、困難に耐える積極的・持続的な態度、すなわち「耐忍」がなければ、とうていその目的は達成させられないということであります。

ここで皆さん方のように、現在中学や高校に学んでいる人々にとっては、

「試験」という関所は、どうしても避けられないわけですから、それに対して一体どういう心構えで立ち向かうかは、現在の皆さん方にとっては、一つの重大な問題として申してよいでしょう。

ところでどんな優等生でも、試験が好きだという人間は、まずは絶無といってよいでしょう。それは申すまでもなく、それなりの復習並びに記憶という努力を要するからであり、また試験の結果、自分の真の実力の程度が、ハッキリ見せつけられるからであります。またそれによって合格・不合格というような、重大な判定が下されるからでありましょう。いわんや上級学校への入試ともなれば、いちだんと深刻の度を加えるからであります。

そこで、わたくしとして申したいことは、試験というものは、だれ一人として好きな人間はいないし、またその成績は、必ずしもその人の人間的な価値をそのまま示すものとはいえないにもかかわらず、だからといってこれを軽視したり、無視したりしてよいなどとは、どうしてもいえないのであります。それというのも、それによってその人の一生の運命が大きく左右せられるからであります。

その上に、いま一つ大事なこととして申したいのは、人間というものは、どうしても自分がしなければならぬ事柄に対しては、たとえそれがどんなにいやな事柄であろうと、またそのこと自体に、どれほど価値があると否とにかかわらず、常に「全力」を傾けてそれと取り組み、ついにそれをやり抜くということは、人間として最重大なことでありまして、このような人間的態度を鍛える点では、試験というものは、スポーツにおける合宿訓練などと同様に、非常に意義があると思うのであります。

ですから試験に対して、真剣に取り組めないような人間は、人生の真の勝利者になることは、おそらくは非常に困難ではないかと思うのであります。

「読書論」ノートより

端山　護

読書は何といっても心の糧《かて》であって、毎日欠かせない。

○

読書は本の選択さえ誤らなかったら、実に楽しいものである。

○

最初のうちは自分が、あくまで読みたくて読みたくて、たまらぬような書物をえらんで読むこと。

○

途中で、どうもむつかしくて分らぬ処《ところ》があったら、一おうそこは飛ばして読むがいい。しばらく保留して後日読むと、意外に読み通せるものである。

○

「読むほどずつ買い、買うほどずつ読む」――というのが読書の理想。

○本を買ったら、まず最初の二十五頁を、一気に読むことが大事。

○真の良書を精読すると、一種の醱酵《はっこう》作用がおこり、その書物の思想が自然に溶けこみ、躰《からだ》に消化吸収されるようになる。

○「行い余力あれば以《も》って文を学ぶ」――とは、読書は自分のつとめは果した上で――ということを教えた孔子の言葉。

○「一日読まずんば一食喰わず」とは、森先生の教えである。

○読書は著者との出会いである。読書によってわれわれは、多くの師や友にめぐまれるわけである。

14 偉人の伝記を読み抜こう

わたくしが今一番皆さん方に対して心配していることは、テレビの問題なのです。皆さん方にとってはテレビこそ誘惑の敵であり、一種の悪魔とさえ思っているほどです。それというのも、ボタン一つで画面が映り、チャンネルを回すだけで、自由に番組をかえることができるからです。いながらにして、まるで無料の映画館に入りびたりのような状態だからです。こんなありさまで、果たして性根のある人間になれるものでしょうか。まったく望めないことでしょう。

では、学習の強敵であるこのテレビに打ち勝つには、一体どうしたらよいのでしょうか。その根本の心がまえとしては、いつも申すように「腰骨をシャンと立て直す」ということです。それに今一つの方法は、読書にうちこむということです。というのも、読書の楽しみや喜びを知らない人ほど、テレビにベッタリのめりこみやすいからです。

人間の身体は毎日の食事によって養われるように、人間の心も栄養の補給が必要です。その点からいえば、読書は心の食事と申せましょう。読書によって心を丈夫にし、そして豊かに明るくすることができるのです。

思えば読書によって得られる感動は、テレビの楽しさなどと比較にならぬほど深いものなのです。ですから、昔からひとかどの人は、皆読書を怠らず、一生学び続けたのです。

みなさんもご存じの通り、二宮尊徳にしろ吉田松陰にしろ、その他偉人と呼ばれるほどの人は皆、少年時代から読書にうちこみ、勉学に励んだのであります。

二宮金次郎は、普通の農家の子として生まれましたが、父が病気がちで働けない上に、近くを流れる酒匂川《さかわ》の氾濫《はんらん》で田畑が流され、せっかく丹精した水田も石ころの原と化してしまう始末でした。やがて父は亡くなり、母は四人の子を抱えて途方にくれたのです。

その頃の金次郎は今でいえば、小学四、五年から六年頃にかけて、すでに母親を助け、一家四人の者が、どうしたらなんとか命をつないでいけるかというせっぱつまった人生の切実な問題について、日夜働きながら悩みに悩み通したのです。そこで金次郎は朝早く起きて山へ行って柴を刈り、薪木《たきぎ》を切ってこれを安く人々に売り、また夜は遅くまで縄をない草鞋《わらじ》を作って、片時も休む暇なく一家のために働き通したのです。

ところが、金次郎のエライのは、山への行き帰りには、必ず本を読んだということです。つまりそれ以外に勉強をする時間などは、片時もなかったからです。その頃は、もちろん今のように学校というものはなく、あるといえば武士の子弟の学ぶ藩の学校のほかにはなく、それ以外ではわずかに寺子屋というものがあって、裕福な家の子供が通うというありさまでした。

こうした当時の事情から、金次郎が朝早く山へ出かける行き帰りに、本を読んで勉強したということは、まことに驚くべきことと申さねばなりません。後に二宮尊徳として、世の多くの人から尊敬されるようになったのも、思えばゆえなきわけではありません。

皆さん方もこうした偉人の伝記を、今からしっかり読んで、「人間の生き方」を学んでほしいのであります。人間というものは、いつも自分が尊敬する人を持たなくてはダメになるようです。それというのも尊敬している人を持たない人は、すぐ心にアグラをかいてしまって、進歩が止まってしまうからです。

それゆえ、ひとり二宮尊徳と限らず、多くの偉人の伝記をよく読み、その中から自分の一番好きな偉人を選び出して、その人のことなら、何でもよく知っていて、スラスラとそらで言えるところまで読み抜いてほしいと思います。

偉人といわれるほどの人は、どのように自分に打ち勝ったか、そのために一体どんな工夫をしたか。そして世の中のために、どのような仕事にうちこんだか、よく調べていただきたいと思います。

とにかく読書の習慣を今のうちにつけられるよう、心からおすすめしたいのであります。

15 天分――その発揮は人間最上の目標

前々章においてわたくしは、「試験によってつけられた点数は、必ずしもその人の人間としての真価の点数ではない。しかし試験に対して自分の全力を挙げて取り組むという態度そのものは、人間として実に大切だ」ということを申したわけです。

とはいうものの、試験の結果つけられた点数によって成績の席次が決まり、進学の合・否が決められるわけですから、皆さん方にとっては、点数の獲得こそ必死の問題と思われるのも一応無理のないことです。

したがってまた、点数による席次の上がり下がりに一喜一憂するのも、一応無理からぬことと思いますが、そのために劣等感に陥る人も随分多いことでしょう。これは性についての悩みとともに、中学生や高校生時代の悩みのうちで最も大きいものの一つと申せましょう。

では、そうした劣等感の悩みを克服するには、一体どうすればよいかということですが、これについてはわたくしは、次のような三つの処方箋《しょほうせん》をさしあげたいのです。

そのうち、第一は一応後回しとして第二から申すれば、得意の学科やクラブ活動に力を入れて、その実力を出しきることであります。いわゆる得手に帆をあげるということであります。

次に第三としては、人それぞれに、他人のまねのできない天分とか長所があるものゆえ、自分にも必ずやそれがあると信ずることであります。そしてそれがやがて、いつかは芽が出るものと信ずることです。

ところでこの辺まで来て、それでは第一はということになるわけですが、そもそも、劣等感というものは、ある意味ではまじめな人ほど強く感ずるものだということです。したがってそれをわざと避けたりおさえるべきではないということです。それよりも悲観のあまりに腰骨を曲げたりなどしないで、いちだんとしっかり腰骨を立てることこそ大事なのであります。

そもそも天分というものについては、たとえ教師の立場から申しても、生徒の天分が果たして何であるかを認めるということは、至難なことであるといえましょう。ましてや皆さん自身にこれを自覚するということは、なかなか難しいことであります。

それと申すのも、第一天分についてその目安ともいえそうなのは、一応その人の好きなことや得意なことと見て差しつかえなかろうと思われますが、しかし実際となると、小学校時代、絵が少しくらい好きだったり上手だからといって、将来画家になろうなどと考えるのは危険です。いわんや野球が少々できるからといって、プロ野球の選手になろうなどと考えるのは、どうかしていると いうほかないでしょう。

なお天分の芽生えというものは、早期にハッキリしている人もあれば、その時期の遅い人もあって、たやすくこれを認識するということは、たとえ人生の練達者にとっても、至難なことであります。

そこでわたくしとして皆さん方に申したいことは、現在自分の得意な学科やスポーツないし趣味などに、ある程度力をそそぐとともに、他の学科、とくにキライな学科に対しても、決して見捨てないで、できるだけの努力を重ねることは非常に、大切なことであります。

現在著名な文筆家で、中学時代一番の苦手は作文だったという話を聞いて、わたくしは意外に思ったのですが、人間というものは、何かの機縁でキライなものが好きになるもので、これは食べ物についてもいえると思います。

なお皆さん方としては、すぐ頭脳《あたま》のよしあしとか体力《ちから》のあるなしが問題となりましょうが、このような判断を下すことは、人間の一生を通じてみますと、決してたやすいことではないのであります。

今、仮に頭脳の問題にしましても、頭脳は単に記憶力だけでなくて、判断力とか洞察力、さらには先見力、直観力、その他いろいろな作用を含むものでありまして、ただ単に記憶力の良さのみをもって知力を計ることはできないのであります。これはちょうど学校でのテストの成績のみをもって、人間の価値のすべてでもあるかに見なすことはできないわけであります。

同様のことは、また体力についてもいえるのでありまして、単に筋肉や骨格や運動能力の判断だけでなくて、内臓の強さとその働きなど身体全体の調和が、健康全体として考え合わされねばならぬのであります。

それゆえ、頭脳においても体力においても、その優劣の判断は、容易に決められないどころか、優必ずしも優ならず、劣必ずしも劣ならずともいえるのであります。

そこでわたくしの申したいことは、われわれ人間はそれぞれ自分の持って生まれた全能力を百パーセント発揮することこそ、大事だということであります。同じ八十点にしろ、能力百の人が八十点取るのと、能力八十の人のとる八十点とでは、点数としては同じでも、後者のほうが尊いわけであります。

つまり恵まれない中から何とかして――と考えて全力を発揮した人のほうが、人間の生き方として、わたくしは尊いと思うのであります。

そしてそのためには、「腰骨を立て通す」ことが何よりも大事な全力発揮の秘訣であり、人間の生き方の要《かなめ》なのであります。この一事の実行を、わたくしが機会あるごとに説き続けてまいったのも、まったくそのためであります。

最後に、生まれながらにして、身体障害という重いハンディがある方や、人生の途上で不治の障害に見舞われた方々の血のにじむような辛苦と、それにもめげずに努力した方々の労苦のほどを、われわれは忘れてはならぬと思うのです。そしてそういう方々の生き方こそ、健体者の光として、心から学ばねばならぬと思うのであります。

いざ起きん

上村　三竿

いざ起きん鶯《うぐいす》われに鳴くなれば
夜雨静かに大地に芽ぐむものあらむ
夜半にして玲瓏《れいろう》となりぬ春の月
時は静かに流れてやまずバラ匂ふ
若葉して垂水《たるみ》はどこも水の音
野の草を活《い》けて眺《なが》むる土用かな
遠花火ほのかに人の想はるる
大文字帰りは月を友として
天の川わが生きてあることの不思議さよ
亡き父母に一句献じて月今宵《こよい》

あめつちにしみる声して秋ひばり
わがいのち甦《よみが》へり見つ秋の虹
心澄めば落葉の音の聴かれけり
今日は今日の願ひのありて落葉掃く
母がさし出す弁当ぬくし寒稽古
寒夜われ熱き願ひに生きんとす

16 いのち――この最貴なるもの

これまで皆さん方に回を重ねてお話し申してきましたが、いよいよ最終講にたどりつきました。そこで人生の根本問題である「人は何のために生きるか」という人生の根本問題について考えてみたいと思います。

さて、この「人は何のために生きるか」という問題ですが、こういう問いに対して、人によっては「そんなめんどうくさいことが、われわれにわかるものか。だれにも頼みもしないのに、この世の中へ生まれてきたんだから、生きるほかないさ」という人もないではないでしょう。いや、うっかりすると皆さん方の中にも、そういう考えの人が、かなりあるかもしれません。

これに対してわたくしは、それもある意味ではムリからぬことであり、いや、ある意味では、もっともなこととさえ思うほどであります。

ところで、この地球上には現在四十億人以上の人間が生きているといわれますが、しかしそのうち自分の意志でこの世に生まれ出た者は、一人もないわけであります。いわんや親を選んでこの世に生まれたという人は、ただの一人もいないのであります。わたくしたちは、こうした事実を如実に認めないわけにはいかないと思うのであります。

さて考えてみますと、皆さん方のご両親も、また自ら親を選んでこの世に生まれ出たわけではなく、それぞれの父母から血をうけてこの世に出現せしめられたわけであります。

こうして二十五代（仮に一世代を三十年として七百五十年）もさかのぼりますと、私たちの先祖の数は、なんと三千三百五十五万四千四百三十二人という膨大な数に上るわけであります。

思えばなんという無量の先祖たちが、それぞれにその生命《いのち》を伝えてきた結果、わたくしの親となり、ついでこのわたくし自身の生命があるわけであります。

こうして考えますと、わたくしたちの体内を流れる血の中には、文字通り数え切れないほどの無量の先祖の血をうけているといえましょう。このことは、またひるがえって考えますと、今日このわたくしたちの生命の中には幾代もの親ごさん方の願いがこめられているともいえるわけであります。

ですから現在ここに、この地上に与えられたわたくしどもの生命を大切に尊く思うのは、実はそのまま無量の祖先の願いにこたえることでもあると思うのであります。

さらにまた、そうした考えに立ちますと、ひとり自分の生命だけでなくて、他の人々の生命も同様に尊いものであり、さらにそれを拡大して考えれば、動物や植物などこの地上にあるすべての生きとし生けるものの生命が、不思議で珍しく尊く感じられてくるのであります。

かの密林の聖者といわれたシュバイツァー博士は、アフリカの西岸からランバレーネの川をさかのぼってゆく時、突然「生命への畏敬」の感に打たれたというのは有名な話ですが、このような感動を鮮やかに書き記しております。

皆さん方としては、もろもろの生命の尊貴を思うまえに、まずもってこの自分自身の生命の不思議と尊さを思わねばならぬでしょう。そしてそのためには、自分の誕生や幼児の頃のことのみならず、自分の両親のことはもちろん祖父母や、できれば曾祖父母までもさかのぼって、よく聞いて調べておくことは、一つの重要なことと思うのであります。

ところで、わたくしの道友で先年亡くなられた、徳永康起先生の一代の名言として、ぜひとも皆さん方にお伝えしたいのは、次に掲げるコトバであります。

まなこを閉じて
トッサに
親の祈り心を
察知しうる者
これ天下第一等の
人材なり

康　起

現在この地上には、数十億というたくさんの人間が生きていますが、しかしご両親ほどあなた方の生命の安全と成長・発展を願っている人は、ほかにはまったく絶無といってよいでしょう。そこで、そうした親ごさんの「祈り心」の一端を察し得るような人間であってこそ、真の人間というべきだと、申しておられるのであります。

さてこの章の始めにわたくしは、「人は何のために生きるか」という問いを掲げましたが、それこそは実に人生最大の大問題でありまして、この人生最大の真理の探求は、今後皆さん方が最低十年から十五年くらいはかけて、それぞれ探求することとして、ここにはこの「人はどのように生きるべきか」という大問題に対して、一応のお答えをしたいと思います。

それについてわれわれのこの人生というものは、

㈠自分が持って生まれてきたいのちの特色を、十分に発揮し実現する

㈡自分の接する範囲の人々に対して、できるだけ親切にし、たとえ少しでも
　他の人々のために尽くす

ということのほかないでしょう。

こういうと皆さん方の多くは、「人生の意義といったら、もっと深遠なことかと思っていたのに、なんだ、こんなわかりきったことなんか」と思われる人

も少なくないでしょう。しかしわたくしとしては、結局この二つのこと以外にはあるまいと思うのです。

だが、こんなことなら知っているというだけでは、真に身についたとはいえないわけです。いや、少なくとも一日一日を、そうした確信によって、力強く生きているかとはいえないわけでしょう。

ところで、こうした生き方をする根本には、すでに第一章で申したように、「人生二度なし」という人生最大の根本真理が、絶えず心の底深く根ざしていて、一日一日を生きる原動力とならなくてはならぬでしょう。

すなわちこの「人生というものは二度とくり返し得ないものだ」ということと、もう一つは、われわれ人間は、いつ死なねばならぬかわからぬという、人生に関するこの二大根本真理が、心の底でガッチリと切り結ぶようになると、そこからして初めて「今日」という一日が、いかに大切かということがわかり出すわけです。

そして、この二度とない人生を真に充実して生きるといっても、結局突きつめた最後は、「今日」というこの一日を、いかに充実して生きるか、という努力のほかないわけです。それをさらに突きつめれば、

「今日の予定は断じて仕上げて明日にのばさぬ人間に!!」

というほかないことになりましょう。

では皆さん、お元気で――。

母　よ

徳永　康起

母よ‼
わたしは
茗荷《みょうが》の芽の出るころになると
きまってあなたのことを
思うのです
祈ることだけを知って
その他を知らなかった母よ‼

あなたの写真一葉は
いつも肌身はなさず
持っているわたしです

親の祈りごころを

まなこを閉じて
トッサに
親の祈り心を
察知しうる者
これ　天下第一等の
人材なり

○

「稚心《ちしん》を去る」第一歩として
誕生日にはご両親に対し
お礼を申し上げる人間に‼

あとがき

この本は、「親子教育叢書」の第五集として刊行したものです。表題にもあるように、中学生や高校生の方々を対象として、森信三先生が、ねんごろに説き明かされた講述書であります。その一語々々の底に流れているものは、この混迷を極めている現代に生きる青少年の皆さん方に対する限りなく深い思いやりと教えであり、したがってまた近く二十一世紀に歩み入る日本民族の将来に対する深憂の念の発露とも申せましょう。

ところで、この書の副題として――「人間学小門」――とありますように、思えばこの書物は、単に中・高の皆さん方のためのみでなくて、わたくし共大人も精読して、それをわが身に体すべき事柄の多いのに、改めて驚いている次第です。それというのも、この本は、文字通り万人ひとしく歩むべき、「人間としての大道」を示されたものであり、これあえて「人間学小門」と、題するゆえんであります。

思えば、今年は、三十七年目の終戦記念日を迎えたわけですが、占領期間の七年を除けば、丁度敗戦三十年を経過したわけであります。この期にあたり、日本民族のあり方についいて内観深省を加えると共に、われわれ自身の「人間の生き方」についいて、改めて先賢のお教えを虚心に聴き学ぶ態度こそ望ましく、またその重大な時期に遭遇しているように思われてなりません。

幸いにもわたくしは、過去十数年にわたり、現代に生きていられる「野の哲人」森信三先生より多年ご教導をいただいて今日に至っておりますが、身の不徳をかえりみず、師教講述の「親子教育叢書」の刊行をもって、この混濁の世に一条の光明を掲げたいと念ずるものであります。

なおこの書の各章毎に掲載いたしました優れた詩歌や語録は、すべて森信三先生を通じて、直接ご縁を頂いた師友・先達の方々から恵まれた言々句々であり、ここにひと言申しそえてお礼のコトバにかえさせていただきます。

寺田一清

現代に生きる森信三先生の教え

このたび『10代のための人間学』と題し、新版発行されましたことは、喜びにたえません。

かえりみまして、わたくしが、森信三先生にお出会いをたまわったのは、昭和四十年二月で、森信三先生は御年七十歳、わたくしは三十八歳でした。もはや遅きに失した感がいたしましたが、今から思えば、幸運のいたりであったと思われてなりません。

わたくしの青少年時代は、病気持ちで、劣等感のかたまりで、何一つ自信らしきものなく、薄志弱行の徒でした。そうしたわたくしゆえ、いろいろと道を求め、彷徨《ほうこう》したことは事実ですが、ご縁をいただき、生涯の師にめぐりあえたのは、思えばふしぎなありがたさでした。

それ以来、少しずつ、微々たる歩みを重ね、今日にいたっております。

森信三先生は、万巻の書を読み、万里に及ぶ苦難の道を歩まれたお方であります。それゆえ、森信三先生の教えは、高さも高いが、視野が広く、みみずや蟻の這《は》う大地にまでおりて、道を説いてくださっております。心がけ次第で、誰でも手がけることのできる日常の着手点を説いてくださっております。それはきわめて具体的で生活に密着したお教えです。

これなら私ごとき実行力の薄弱な人間でも心がけ次第で、できそうな日常生活のごくごく平凡な事をきわめて丁寧に説いてくださっております。そしてこれが「積小為大」（小ヲ積ンデ大ト為《な》ス）の教えにつながるのです。

どうか、日頃のきまりを軽んじないで、これを継続実行することの大事さを心に留めてくださるよう、そしてこれがやがて、磐石の基礎づくりになることを体認してくださるようお願いいたします。
日本の将来は次代を背負っていただく皆さんの双肩にかかっています。何と申しても、日本は世界のリーダーたるべき民族的使命を託されております。くれぐれもよろしくお願いしてやまない思いがいたします。

二〇一〇年五月

八十三歳　寺田一清

著者略歴

森信三

明治29年9月23日、愛知県知多郡武豊町に端山家の三男として生誕。両親不縁にして、3歳の時、半田市岩滑町の森家に養子として入籍。半田小学校高等科を経て名古屋第一師範に入学。その後、小学校教師を経て、広島高等師範に入学。在学中、生涯の師・西晋一郎氏に出会う。後に京都大学哲学科に進学し、西田幾多郎先生の教えに学ぶ。大学院を経て、天王寺師範の専任教諭になり、師範本科生の修身科を担当。後に旧満州の建国大学教授に赴任。50歳で敗戦。九死に一生を得て翌年帰国。幾多の辛酸を経て、58歳で神戸大学教育学部教授に就任し、65歳まで務めた。70歳にしてかねて念願の『全集』25巻の出版刊行に着手。同時に神戸海星女子学院大学教授に迎えられる。77歳長男の急逝を機に、独居自炊の生活に入る。80歳にして『全一学』五部作の執筆に没頭。86歳の時脳血栓のため入院し、以後療養を続ける。89歳にして『続全集』8巻の完結。平成4年11月21日、97歳で逝去。

編者略歴

寺田一清（てらだ・いっせい）

昭和2年大阪府生まれ。旧制岸和田中学を卒業し、東亜外事専門学校に進むも病気のため中退。以後、家業の呉服商に従事。40年以来、森信三師に師事、著作の編集発行を担当する。社団法人「実践人の家」元常務理事。編著書に『森信三先生随聞記』『二宮尊徳一日一言』『森信三一日一語』『女性のための「修身教授録」』『家庭教育の心得21――母親のための人間学』『父親のための人間学』（いずれも致知出版社）など多数。

10代のための人間学

平成二十二年六月三十日第一刷発行
令和二年一月三十日第五刷発行

著者 森信三
編者 寺田一清
発行者 藤尾秀昭
発行所 致知出版社
〒150-0001東京都渋谷区神宮前四の二十四の九
TEL（〇三）三七九六―二一一一
印刷・製本 中央精版印刷

落丁・乱丁はお取替え致します。（検印廃止）

ISBN978-4-88474-888-3 C0037
ホームページ https://www.chichi.co.jp
Eメール books@chichi.co.jp

人間学シリーズ

書名	著者	内容	定価／税別
修身教授録	森信三 著	国民教育の師父・森信三先生が大阪天王寺師範学校の生徒たちに、生きるための原理原則を説いた講義録。	2,300円
家庭教育の心得21 母親のための人間学	森信三 著	森信三先生が教えるわが子の育て方、しつけの仕方。二十万もの家庭を変えた伝説の家庭教育論。	1,300円
人生論としての読書論	森信三 著	幻の「読書論」が復刻！ 人生における読書の意義から、傍線の引き方まで本を読む、全ての人必読の一冊。	1,600円
現代の覚者たち	森信三・他 著	体験を深めていく過程で哲学的叡智に達した、現代の覚者七人(森信三、平澤興、関牧翁、鈴木真一、三宅廉、坂村真民、松野幸吉)の生き方。	1,400円
生きよう今日も喜んで	平澤興 著	今が楽しい。今がありがたい。今が喜びである。それが習慣となり、天性となるような生き方とは。	1,000円
人物を創る人間学	伊與田覺 著	九十五歳、安岡正篤師の高弟が、心を弾ませ平易に説いた『大学』『小学』『論語』『易経』。中国古典はこの一冊からはじめる。	1,800円
日本人の気概	中條高徳 著	今ある日本人の生き方を問い直す。幾多の試練を乗り越えてきた日本人の素晴らしさを伝える、感動の一冊！	1,400円
日本のこころの教育	境野勝悟 著	「日本のこころ」ってそういうことだったのか！ 熱弁二時間。高校生七百人が声ひとつ立てず聞き入った講演録。	1,200円
語り継ぎたい美しい日本人の物語	占部賢志 著	子供たちが目を輝かせる、「私たちの国にはこんなに素晴らしい人たちがいた」という史実。日本人の誇りを得られる一冊。	1,400円
安岡正篤 心に残る言葉	藤尾秀昭 著	安岡師の残された言葉を中心に、安岡教学の神髄に迫る一書。講演録のため読みやすく、安岡教学の手引書としておすすめです。	1,200円